Fischgerichte

p

Copyright © 2003 für die deutsche Ausgabe

Parragon
Queen Street House
4 Queen Street
Bath BA1 1HE, UK

Übersetzung aus dem Englischen: Inga-Brita Thiele, Köln
Satz und Redaktion: Roman Bold & Black, Köln; Dorit Esser · lektorat plus, Berlin
Koordination: Antje Seidel, Köln

ISBN 1-40540-383-7

Manufactured in China

HINWEIS
Sind Zutaten in Löffelmengen angegeben, ist immer ein gestrichener Löffel gemeint.
Ein Teelöffel entspricht 5 ml, ein Esslöffel 15 ml. Sofern nichts anderes angegeben ist,
wird Vollmilch (3,5 % Fett) verwendet. Bei Eiern und einzelnen Gemüsesorten,
z. B. Kartoffeln, verwenden Sie mittelgroße Exemplare. Pfeffer sollte stets
frisch gemahlen werden. Sofern die Schale von Zitrusfrüchten benötigt wird,
verwenden Sie unbedingt unbehandelte Früchte.

Die Nährwertangaben der einzelnen Rezepte beziehen sich auf eine Portion bzw. Person.
Zutaten, die alternativ oder zur geschmacklichen Verfeinerung angegeben sind,
werden bei den Nährwertangaben nicht berücksichtigt. Die angegebenen Zeiten
können von den tatsächlichen leicht abweichen, da je nach verwendeter Zubereitungsmethode
und vorhandenem Herdtyp Schwankungen auftreten.

Kinder, ältere Menschen, Schwangere, Kranke und Rekonvaleszente
sollten auf Gerichte mit rohen oder nur leicht gegarten Eiern verzichten.

Inhalt

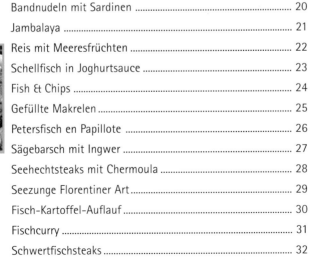

Einleitung

Schon Julius Cäsar ließ bei Festgelagen Meeresfrüchte auftischen, und bei Ausgrabungen gefundene Muschelschalen beweisen, dass sie seit prähistorischer Zeit wichtiger Bestandteil der Alltagskost des Menschen sind. Fisch erfreut sich aus gutem Grund wachsender Beliebtheit: Er entspricht modernen Kriterien gesunder Ernährung, ist leicht zuzubereiten und trifft mit seiner Vielfalt und Vielseitigkeit nahezu jeden Geschmack.

Kategorien

Fisch und Meeresfrüchte lassen sich grob in die folgenden Kategorien unterteilen.

Magerfische: z. B. Kabeljau, Hoki, Heilbutt, Glattbutt, Schellfisch, Steinbutt, Scholle, Rotzunge, Seezunge. Sie sind sehr fettarme, leicht verdauliche Eiweiß-, Vitamin- und Mineralstofflieferanten.

Fettfische: u. a. Lachs, Forelle, Hering, Makrele und Sardine. Sie sind die besten Lieferanten mehrfach ungesättigter Omega-3-Fettsäuren, die vorbeugend gegen Herzerkrankungen, Schlaganfälle und möglicherweise einige Krebsarten wirken. Außerdem sind die meisten von ihnen wertvolle Quellen des antioxidativen Mineralstoffs Selen.

Krustentiere: Hierzu gehören Hummer, Langusten, Garnelen, Krabben und Scampi – bei entsprechender Zubereitung fettarme Eiweißlieferanten, die uns mit den Mineralstoffen Selen, Zink und Magnesium sowie einigen B-Vitaminen versorgen. Wer auf seinen Cholesterinspiegel achten muss, sollte Garnelen ihres hohen Cholesteringehalts wegen meiden. Krabben enthalten bedeutende Konzentrationen an Omega-3-Fettsäuren.

Schalen- oder Weichtiere: z. B. Miesmuscheln, Klaffmuscheln, Strandschnecken, Wellhornschnecken, Jakobsmuscheln und Austern. Sie liefern Eiweiß und einige Vitamine, aber nur Spuren von Mineralstoffen. Im kulinarischen Sprachgebrauch umfasst diese Kategorie auch Kalmar, Tintenfisch, Oktopus und Schnecken.

Räucherfisch: Geräuchert werden insbesondere Hering (Bückling), Makrele, Schellfisch, Forelle und Lachs – allesamt gute Lieferanten von Eiweiß und B-Vitaminen.

Fischkauf

Fisch sollte man nur bei seriösen Händlern mit hohem Umschlag kaufen, weil sie größtmögliche Frische garantieren. Die Fische sollten klare, glänzende Augen, leuchtend rote oder rosa Kiemen und festes Fleisch aufweisen und auf keinen Fall stechenden Ammoniakgeruch verströmen, sondern nur nach Meerwasser riechen. Tiefgefrorener Fisch ist oft sehr frisch, weil er meist gleich nach dem Fang auf hoher See verarbeitet wird.

Rohe Austern, Mies- oder Klaffmuscheln sollten beim Kauf geschlossen sein bzw. sich sofort schließen, wenn man leicht dagegen klopft. Beschädigte Muscheln aussortieren.

Aufbewahren

Frischen Fisch und frische Meeresfrüchte innerhalb von 1–2 Tagen verzehren. Nach dem Kauf möglichst sofort kühlen.

Um Lebensmittelvergiftungen zu vermeiden, sollte man gerade Meeresfrüchte mit besonderer Sorgfalt behandeln. Rohe Austern, Mies- und Klaffmuscheln im Kühlschrank fest in feuchtes Zeitungspapier wickeln oder in einer großen Schüssel mit kaltem Wasser aufbewahren – dann sind sie auch vor dem Kochen leichter zu säubern.

Fisch nur in wirklich frischem Zustand am Kauftag einfrieren, vorher ausnehmen. Die meisten Fische sollten maximal 3 Monate eingefroren bleiben. Angetauten Fisch NICHT wieder einfrieren.

Vorbereiten

Meist wird man Ihnen den Fisch beim Kauf gern küchenfertig vorbereiten, doch bei großem Andrang müssen Sie darauf vielleicht länger warten. Es lohnt sich daher zu wissen, wie man Fisch selbst ausnimmt und filetiert.

Schuppen: Fisch auf eine Arbeitsfläche legen. Die Schuppen vom Schwanz zum Kopf hin mit einem abgerundeten, stumpfen Messer abschaben. Fisch anschließend gründlich abspülen.

Ausnehmen: Bei Rundfischen, wie Heringen, Makrelen und Forellen, Bauch vom Schwanz bis zu den Kiemen aufschneiden, Eingeweide herausziehen (Galle nicht verletzen!), ausschaben, gut mit kaltem Wasser ausspülen. Flossen und die unter dem Kopf sitzenden Kiemen abschneiden. Ggf. den Kopf abschneiden bzw. die Augen entfernen. Plattfische wie Scholle und Seezunge mit der dunklen Seite nach oben auf eine Arbeitsfläche legen, einen Schnitt hinter den Kiemen führen, Eingeweide herausziehen, Flossen abschneiden, mit kaltem Wasser ausspülen.

Häuten: Bei Rundfischen einen Schnitt rund um den Kopf führen, Haut auf einer Seite lösen, mit einem Ruck zum Schwanz hin abziehen. Fisch umdrehen und Vorgang wiederholen. Plattfische mit der dunklen Seite nach oben hinlegen. Haut vor der Schwanzflosse einschneiden, etwas lösen, zum Kopf hin abziehen, abschneiden. Die weiße Haut bleibt oft am Fisch, sonst Vorgang auf der anderen Seite wiederholen.

Filetieren: Bei Rundfischen den Kopf abschneiden; entlang der Mittelgräte zum Schwanz hin schneiden, dabei das Fleisch vorsichtig von den Gräten lösen. Fisch umdrehen und Vorgang wiederholen. Plattfische mit der dunklen Seite nach oben hinlegen und vom Kopf zum Schwanz hin entlang der Mittelgräte einschneiden. Einen Schnitt rund um den Kopf führen. Messer vorsichtig flach auf den Gräten unter das Fleisch führen und das Filet so nach und nach ablösen. Filet abheben und Vorgang auf der anderen Seite wiederholen.

Gegarten Fisch entgräten: Fisch auf eine Arbeitsfläche legen und ggf. vorsichtig häuten. Mittelgräte an Kopf und Schwanz durchtrennen, das Messer zwischen Fleisch und Gräten führen und das Fleisch vorsichtig abheben. Freigelegte Gräten entfernen. Will man den Fisch entgräten, um ihn vor dem Servieren zu dekorieren, Mittelgräte an Kopf und Schwanz mit einer Schere durchknipsen. Messer vorsichtig an der Mittelgräte entlang führen und das Fleisch sanft von den Gräten lösen. Gräten vorsichtig herausziehen und nach Wunsch dekorieren.

Fischbrühe

Im Geschäft sind frische Fischbrühe oder -fond meist relativ teuer. Es gibt sie auch in Würfelform, allerdings oft sehr salzig. Eine gute Fischbrühe lässt sich schnell und einfach selbst herstellen.

Hierzu Abfälle von selbst verarbeitetem Fisch verwenden oder im Fischgeschäft nach Fischabfällen wie Haut, Kiemen, Gräten und Köpfen fragen. 700 g Fischabfälle, 1 kleine gehackte Zwiebel, 1 gehackte Karotte, 1 gehackte Selleriestange, 6 Pfefferkörner, 1 Bund Kräuter und 2 dünne Streifen Zitronenschale in einen großen Topf geben. Mit kaltem Wasser bedecken, zum Kochen bringen. Abschäumen und bei schwacher Hitze zugedeckt 30 Minuten köcheln lassen. Abkühlen lassen, abseihen und bis zu 2 Tage im Kühlschrank aufbewahren. Oder in Eiswürfelschalen einfrieren, dann in deutlich etikettierten Gefrierbeuteln maximal 2–3 Monate im Tiefkühlgerät lagern.

Zeichenerklärung

 Schwierigkeitsgrad 1–3 (1 einfach, 3 aufwändiger)

 Vorbereitungszeit

🕒 Garzeit

Meeresfrüchtesuppe Thai-Art

Manche mögen's scharf – andere weniger: Mit Sambal oelek lässt sich Schärfe besser dosieren als mit frischen Chilischoten.

NÄHRWERTANGABEN	
Kilokalorien ... 132	Zucker .... 7 g
Eiweiß ...... 20 g	Fett .... 2 g
Kohlenhydrate .. 9 g	davon gesättigt . 0 g

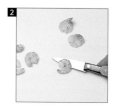

🥘 10 Min.   🕐 20 Min.

Für 4 Pers.

Z U T A T E N

1¼ l Fischbrühe

1 Stängel Zitronengras, längs gespalten

geriebene Schale von ½ Limette oder 1 Limettenblatt

2,5-cm-Stück frische Ingwerwurzel, in Scheibchen

¼ TL Sambal oelek

4–6 Frühlingszwiebeln

200 g große oder mittelgroße rohe Garnelen, geschält und entdarmt

Salz

250 g (16–20) küchenfertige Jakobsmuscheln

2 EL frische Korianderblätter

G A R N I E R U N G

rote Paprika, fein gehackt, oder frische rote Chilischoten, in Ringen

VARIATION
Frühlingszwiebeln durch jungen, schräg in feine Ringe geschnittenen Porree ersetzen.

1 Brühe mit Zitronengras, Limettenschale oder -blatt, Ingwer und Sambal oelek in einem Topf zum Kochen bringen. Bei schwacher Hitze zugedeckt 10–15 Minuten köcheln lassen.

2 Frühlingszwiebeln längs halbieren, dann quer sehr fein schneiden. Garnelen bis zum Schwanz, der ganz bleibt, längs halbieren.

3 Brühe abseihen und zurück in den Topf geben. Frühlingszwiebeln zugeben und 2–3 Minuten mitköcheln lassen. Mit Salz abschmecken, nach Belieben noch etwas Sambal oelek unterrühren.

4 Muscheln und Garnelen 1 Minute miterhitzen, bis sie sich leicht verfärben und die Garnelen sich einrollen.

5 Korianderblätter zugeben, Suppe in vorgewärmte Schalen geben, mit roter Paprika oder Chiliringen garnieren.

Krebs-Kohl-Suppe

Ein mexikanisches Rezept aus der Veracruz-Region: Diese Suppe erhält durch Krebsfleisch eine besonders delikate Note.

NÄHRWERTANGABEN

Kilokalorien . . . 131	Zucker . . . . 10 g
Eiweiß . . . . . . 13 g	Fett . . . . 4 g
Kohlenhydrate . 12 g	davon gesättigt . 0 g

25 Min. 35 Min.

Für 4 Pers.

ZUTATEN

¼ Weißkohl-Kopf

450 g reife Tomaten

1 l Fischbrühe oder kochendes Wasser mit 1–2 Fischbrühwürfeln

1 Zwiebel, in feinen Ringen

1 kleine Karotte, fein gewürfelt

4 Knoblauchzehen, fein gehackt

6 EL frisch gehackter Koriander

1 TL mildes Chilipulver

1 ganzer gekochter Krebs oder 200 g Krebsfleisch

1 EL frische Oreganoblätter, gezupft

Salz und Pfeffer

ZUM SERVIEREN

1–2 Limetten, in Spalten

Salsa-Sauce nach Wahl

1 Kohlstrunk herausschneiden und wegwerfen; Kohlblätter in feine Streifen schneiden.

2 Tomaten häuten: Für 30 Sekunden in eine hitzebeständige Schüssel mit kochendem Wasser geben. Unter kaltem Wasser abschrecken. Die Haut abziehen und Tomaten grob hacken.

3 Tomaten und Brühe mit Zwiebel, Karotte, Kohl, Knoblauch, Koriander und Chilipulver in einen Topf geben. Zum Kochen bringen, dann bei schwacher Hitze 20 Minuten köcheln lassen, bis das Gemüse gerade weich ist.

4 Bei Verwendung eines ganzen Krebses zum Auslösen des Fleisches die Beine und Scheren abdrehen und mit einem stabilen Messer aufbrechen. Das Fleisch aus den Beinen mit einem Fleischspieß auslösen, die aufgebrochenen Scheren ganz lassen. Das Fleisch aus dem Körper lösen, Magensack und Kiemen wegwerfen.

5 Krebsfleisch und Oregano in den Topf geben. 10–15 Minuten mitköcheln lassen, damit sich die Aromen gut mischen. Mit Salz und Pfeffer abschmecken.

6 In Suppenschalen geben, jede Portion mit 1–2 Limettenspalten garnieren und sofort servieren. Dazu Salsa-Sauce herumreichen.

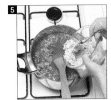

Räucherfisch-Suppe

Geräucherter Schellfisch verleiht dieser Suppe ihren herzhaften Geschmack; Kartoffeln und Joghurt geben eine sämige Konsistenz.

NÄHRWERTANGABEN

Kilokalorien . . . 169	Zucker . . . . 8 g	
Eiweiß . . . . . . 16 g	Fett . . . . 5 g	
Kohlenhydrate . 16 g	davon gesättigt . 3 g	

  25 Min.   40 Min.

Für 4–6 Pers.

ZUTATEN

220 g geräuchertes Schellfischfilet, mit Haut

1 Zwiebel, in feinen Ringen

1 Knoblauchzehe, zerdrückt

600 ml Wasser

600 ml fettarme Milch

225–350 g warme Kartoffeln, gestampft

2 EL Butter

1 EL Zitronensaft

6 EL fettarmer Naturjoghurt

4 EL frisch gehackte Petersilie

Salz und Pfeffer

1 Fisch, Zwiebel, Knoblauch und Wasser in einen Topf geben. Zum Kochen bringen, bei geschlossenem Deckel und schwacher Hitze 15–20 Minuten köcheln lassen.

2 Fisch aus dem Topf nehmen. Haut abziehen, alle Gräten entfernen, beides aufheben. Das Fleisch mit einer Gabel fein zerkleinern.

3 Haut und Gräten zurück in den Sud geben und etwa 10 Minuten mitköcheln. Sud abseihen und in einen sauberen Topf umfüllen; Haut und Gräten wegwerfen.

4 Milch und zerkleinerten Fisch zugeben und alles mit Salz und Pfeffer abschmecken. Aufkochen und noch 3 Minuten köcheln lassen.

5 Kartoffelbrei einrühren, bis die Suppe die gewünschte Konsistenz hat, Butter unterziehen und mit Zitronensaft abschmecken.

6 Joghurt und 3 Esslöffel gehackte Petersilie unterrühren. Bei schwacher Hitze mit erwärmen. Suppe noch einmal abschmecken, mit der restlichen Petersilie bestreuen und sofort servieren.

TIPP

Der goldgelbe Räucherschellfisch gibt der Suppe nicht nur Aroma, sondern auch Farbe. Alternativ kann man auch geräucherten Kabeljau oder Wittling verwenden.

Provenzalische Fischsuppe

Für diese Suppe braucht man einen Fisch mit kräftigem Aroma wie Kabeljau oder Schellfisch. Möglich ist auch tiefgefrorener Fisch.

NÄHRWERTANGABEN

Kilokalorien . . . 122		Zucker . . . . 6 g	
Eiweiß . . . . . . 12 g		Fett . . . . 3 g	
Kohlenhydrate . . 7 g		davon gesättigt . 0 g	

🍲 🍲 🍲

🍲 10 Min. 🕐 1½ Std.

Für 4–6 Pers.

Z U T A T E N

1 EL Olivenöl

2 Zwiebeln, fein gehackt

1 kleine Porreestange, in feinen Ringen

1 kleine Karotte, fein gehackt

1 Selleriestange, fein gehackt

3 Knoblauchzehen, fein gehackt

1 kleine Fenchelknolle, fein gehackt

220 ml trockener Weißwein

400 g Dosentomaten

1 Lorbeerblatt

1 Msp. Fenchelsamen

2 breite Streifen Orangenschale

¼ TL Safranfäden

1¼ l Wasser

350 g Fischfilet, gehäutet

Salz und Pfeffer

Croutons, zum Servieren

2 Wein zugeben und 1 Minute köcheln lassen. Tomaten, Lorbeerblatt, Fenchelsamen, Orangenschale, Safran und Wasser zugeben. Kurz aufkochen, bei schwacher Hitze zugedeckt 30 Minuten köcheln lassen; gelegentlich umrühren.

3 Fisch zugeben und 20–30 Minuten köcheln, bis er gerade zerfällt. Lorbeerblatt und Orangenschale herausnehmen.

4 Topf vom Herd nehmen und etwas abkühlen lassen, dann den Inhalt mit dem Pürierstab oder in der Küchenmaschine ggf. portionsweise pürieren. (Bei Verwendung einer Küchenmaschine die Kochflüssigkeit abseihen und beiseite stellen. Die festen Inhaltsstoffe mit etwas Flüssigkeit pürieren, dann wieder mit der restlichen Flüssigkeit vermengen.)

5 Suppe zurück in den Topf geben. Mit Salz und Pfeffer abschmecken und 5–10 Minuten erwärmen. Suppe in vorgewärmte Suppenteller geben und Croutons darüber streuen, sofort servieren.

1 Öl in einem großen Topf erhitzen. Zwiebeln darin bei mittlerer Hitze unter gelegentlichem Rühren in 5 Minuten weich dünsten. Porree, Karotte, Sellerie, Knoblauch und Fenchel zugeben und 4–5 Minuten mitdünsten, bis der Porree weich ist.

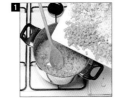

Meeresfrüchtesalat

Dieses thailändische Gericht aus Gemüse und Meeresfrüchten mit pikantem Dressing serviert man am besten gut gekühlt.

NÄHRWERTANGABEN	
Kilokalorien . . . 310	Zucker . . . . 4 g
Eiweiß . . . . . . 30 g	Fett . . . . 18 g
Kohlenhydrate . . 7 g	davon gesättigt . 3 g

1¼ Std.   10 Min.

Für 4–6 Pers.

ZUTATEN

450 g frische Miesmuscheln, gewaschen

8 Riesengarnelen (Tiger Prawns)

350 g küchenfertiger Kalmar, in Ringen

100 g Garnelen, gekocht und geschält

½ rote Zwiebel, in feinen Ringen

100 g Sojabohnenkeimlinge

½ rote Paprika, entkernt und in Streifen

100 g Pak Choi, in Streifen

DRESSING

1 Knoblauchzehe, zerdrückt

1 TL frisch geriebener Ingwer

1 rote Chilischote, entkernt und fein gehackt

2 EL frisch gehackter Koriander

1 EL Limettensaft

1 TL fein geriebene Limettenschale

1 EL helle Sojasauce

5 EL Sonnenblumen- oder Erdnussöl

2 TL Sesamöl

Salz und Pfeffer

1 Geschlossene Muscheln mit dem eigenen Wasser in einem großen Topf stark erhitzen, bis alle geöffnet sind; Topf ab und zu rütteln. Noch geschlossene Muscheln wegwerfen, den Rest abgießen, Sud dabei auffangen. Muscheln kalt abspülen und abtropfen lassen.

2 Muschelsud kurz aufkochen. Riesengarnelen darin 5 Minuten köcheln lassen, Kalmar zugeben, 2 Minuten mitköcheln. Garnelen und Kalmar herausnehmen, in eine Schüssel mit kaltem Wasser geben. Kochsud beiseite stellen. Garnelen und Kalmar abgießen.

3 Muscheln aus den Schalen lösen, mit Riesengarnelen, Kalmar und geschälten Garnelen mischen. 1 Stunde kühl stellen.

4 Alle Dressingzutaten, mit Ausnahme der Öle, im Mixer pürieren. Die Öle, den aufgehobenen Kochsud, Salz und Pfeffer sowie 4 Esslöffel kaltes Wasser zugeben. Nochmals im Mixer vermischen.

5 Das Gemüse mit 2–3 Esslöffel Dressing vermengen und auf eine große Servierplatte geben. Die Meeresfrüchte im restlichen Dressing wenden und zum Gemüse geben. Sofort servieren.

Hummer-Avocado-Salat

Dieser Salat ist mit etwas Brot ideal als leichtes Mittagessen, macht sich aber auch auf einem kalten Büfett sehr gut.

NÄHRWERTANGABEN

Kilokalorien ... 313	Zucker .... 3 g	
Eiweiß ...... 19 g	Fett .... 25 g	
Kohlenhydrate . . 4 g	davon gesättigt . 4 g	

25 Min. 5 Min.

Für 4 Pers.

Z U T A T E N

2 gekochte Hummer à 400 g

1 große Avocado

1 EL Zitronensaft

220 g grüne Bohnen

4 Frühlingszwiebeln, in feinen Ringen

2 EL frisch gehackter Kerbel

1 EL frisch gehackter Schnittlauch

D R E S S I N G

1 Knoblauchzehe, zerdrückt

1 TL Dijonsenf

1 Prise Zucker

1 EL Balsamicoessig

Salz und Pfeffer

5 EL Olivenöl

1 Hummer der Länge nach halbieren, um das Fleisch auszulösen. Schwarzen Darmstrang, Magensack und etwaige graue Fäden aus dem Kopfteil entfernen. Scheren aufbrechen und das Fleisch möglichst in einem Stück auslösen. Das Fleisch aus dem Schwanz lösen. Das gesamte Hummerfleisch grob hacken und beiseite stellen.

2 Avocado längs halbieren und den Stein entfernen. Jede Hälfte noch einmal halbieren und aus der Schale lösen. Fruchtfleisch in Stücke schneiden und in

Zitronensaft wenden, damit es sich nicht verfärbt. Zum Hummerfleisch geben.

3 Einen großen Topf leicht gesalzenes Wasser zum Kochen bringen. Bohnen darin 5 Minuten kochen, abgießen, mit kaltem Wasser abschrecken. Noch einmal abgießen, beiseite stellen und gut abkühlen lassen. Bohnen halbieren, zur Avocado-Hummer-Mischung geben.

4 Das Dressing aus Knoblauch, Senf, Zucker, Essig, Salz und Pfeffer anrühren. Nach und nach Öl zugeben und gut unterrühren.

5 Frühlingszwiebel, Kerbel und Schnittlauch unter die Avocado-Hummer-Mischung heben. Das Dressing darüber geben und sofort servieren.

Linsen-Thunfisch-Salat

Die exotische Kombination aus Linsen und Thunfisch ergibt einen äußerst schmackhaften und sättigenden Salat.

NÄHRWERTANGABEN

Kilokalorien . . . 227	Zucker . . . . 2 g
Eiweiß . . . . . . 19 g	Fett . . . . 9 g
Kohlenhydrate . 19 g	davon gesättigt . 1 g

 25 Min.   0 Min.

Für 4 Pers.

Z U T A T E N

2 reife Tomaten

1 kleine rote Zwiebel

3 EL kaltgepresstes Olivenöl

1 EL Zitronensaft

1 TL körniger Senf

1 Knoblauchzehe, zerdrückt

½ TL gemahlener Kreuzkümmel

½ TL gemahlener Koriander

400 g Linsen (Dose), abgetropft

180 g Thunfisch (Dose), abgetropft

2 EL frisch gehackter Koriander

Pfeffer

1 Tomaten mit einem scharfen Messer entkernen und fein würfeln. Die Zwiebel fein würfeln.

TIPP

Linsen sind wertvolle Eiweißlieferanten und enthalten wichtige Vitamine und Mineralstoffe. Getrocknete Linsen müssen erst längere Zeit eingeweicht und gekocht werden; mit eingemachten Linsen geht es schneller.

2 Für das Dressing Olivenöl, Zitronensaft, Senf, Knoblauch, Kreuzkümmel und Koriander in einer kleinen Schüssel gut verrühren. Bis zur weiteren Verwendung beiseite stellen.

3 Zwiebel, Tomaten und Linsen in einer großen Schüssel sorgfältig miteinander vermischen.

4 Thunfisch mit einer Gabel zerkleinern und unter die Mischung aus Zwiebel, Tomaten und Linsen heben. Gehackten Koriander untermengen.

5 Dressing über den Salat geben und diesen mit Pfeffer abschmecken. Sofort servieren.

Räuchermakrelen-Pastete

Diese leicht zuzubereitende Pastete stammt aus Goa an der indischen Westküste – diese Region ist für ihre Fischgerichte berühmt.

NÄHRWERTANGABEN

Kilokalorien . . . 316	Zucker . . . . 3 g
Eiweiß . . . . . . 13 g	Fett . . . . 23 g
Kohlenhydrate . 14 g	davon gesättigt . 8 g

🍲 4 Std. 🕐 5 Min.

Für 4 Pers.

ZUTATEN

200 g geräuchertes Makrelenfilet

1 kleine frische grüne Chilischote, entkernt und gehackt

1 Knoblauchzehe, gehackt

3 EL frische Korianderblätter

150 g saure Sahne

1 kleine rote Zwiebel, gehackt

2 EL Limettensaft

Salz und Pfeffer

4 Scheiben Weißbrot, ohne Rinde

1 Makrelenfilet häuten und zerkleinern, alle Gräten entfernen. Makrele mit Chilischote, Knoblauch, Koriander und saurer Sahne in der Küchenmaschine zu einer glatten Paste verarbeiten.

2 Die Paste in eine Schüssel geben, Zwiebel und Limettensaft unterziehen. Mit Salz und Pfeffer abschmecken. Die Pastete erscheint jetzt noch recht flüssig, sie wird erst im Kühlschrank fest. Mit Frischhaltefolie abdecken und mehrere Stunden – am besten über Nacht – kühlen.

3 Die Brotscheiben von beiden Seiten hellbraun toasten. Die Toastscheiben mit einem langen Messer horizontal halbieren, dann diagonal durchschneiden, sodass pro Scheibe 4 Dreiecke entstehen.

4 Dreiecke mit der ungetoasteten Seite auf die oberste Schiene im Backofen legen und knusprig braun rösten, bis sich die Scheiben am Rand leicht nach oben biegen. Die Röstbrotscheiben warm oder kalt zu der Räuchermakrelen-Pastete reichen.

TIPP

Man kann die Pastete auch mit Rohkostsalat servieren.

Japanische Sushi

Die Zutaten für diese raffinierten Häppchen aus gewürztem Reis mit verschiedenstem Belag bekommt man im Asienladen.

NÄHRWERTANGABEN	
Kilokalorien . . . 403	Zucker . . . . 6 g
Eiweiß . . . . . . 24 g	Fett . . . . 8 g
Kohlenhydrate . 56 g	davon gesättigt . 1 g

🄶 🄶 🄶

🍲 1 Std.　　🕐 30 Min.

Für 4–6 Pers.

Z U T A T E N

400 g Sushi-Reis (Kleb- o. Rundkornreis)

500 ml Wasser

4 EL japanischer Reisessig

1½ EL Zucker

1½ TL Salz

1½ EL Mirin (japanischer Reiswein)

N O R I M A K I – S U S H I

2 Eier

1 Msp. Kurkuma

1–2 EL Pflanzenöl

4 Noriblätter (getrocknete Alge)

120 g Räucherlachsscheiben, in 8-cm-Streifen geschnitten

½ Gurke, geschält, geviertelt, entkernt, dann längs in dünne Streifen geschnitten

frischer Schnittlauch

N I G I R I – S U S H I

16 gekochte, geschälte Garnelen

Wasabi-Paste (japanischer Meerrettich)

80 g Räucherlachsfilet, in 5-mm-Scheiben

Sesamkörner, leicht geröstet

Z U M   S E R V I E R E N

marinierter Ingwer

japanische Sojasauce

  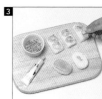

1 Reis mit dem Wasser in einem Topf aufkochen. Zugedeckt 20 Minuten köcheln lassen. Vom Herd nehmen, weitere 10 Minuten stehen lassen. Essig, Zucker, Salz und Mirin aufkochen, über den Reis verteilen und unterrühren; Reis abkühlen lassen.

2 Norimaki-Sushi: Eier mit Kurkuma und 1 Teelöffel Öl verquirlen. Im übrigen Öl 2 Omeletts ausbacken, diese halbieren. Noriblatt von einer Seite kurz in der Pfanne anrösten, mit der gerösteten Seite nach unten auf eine Sushi-Rollmatte legen. Mit einer Omeletthälfte belegen,

sodass rundum ein Rand bleibt. Mit einer dünnen Schicht Sushi-Reis bestreichen. Ein Stück Räucherlachs auf das untere Reisdrittel legen. Darauf Gurke und Schnittlauch legen. Ränder des Noriblatts mit Wasser befeuchten, aufrollen. 4 Rollen formen, in 2,5-cm-Scheiben schneiden, abdecken und kühlen.

3 Nigiri-Sushi: Mit feuchten Händen Ovale aus je 2 Esslöffel Reis formen. Je 2 Garnelen und einen Klecks Wasabi sowie etwas Räucherlachs darauf geben. Mit Sesam bestreuen. Sushi mit Ingwer und Sojasauce servieren.

Kartoffelpuffer mit Lachs

Räucherlachs und saure Sahne machen aus diesen knusprigen kleinen Kartoffelpuffern eine wahre Delikatesse.

NÄHRWERTANGABEN

Kilokalorien ... 142	Zucker .... 1 g
Eiweiß ...... 6,8 g	Fett .... 7,8 g
Kohlenhydrate 11,9 g	davon gesättigt 2,8 g

5 Min.   25 Min.

Für 4 Pers.

Z U T A T E N

450 g mehlig kochende Kartoffeln, geschält und gerieben

2 Frühlingszwiebeln, gehackt

2 EL Mehl

⅛ TL Backpulver

2 Eier, verquirlt

Salz und Pfeffer

2 EL Pflanzenöl

B E L A G

150 g saure Sahne

120 g Räucherlachs

frischer Schnittlauch, zum Garnieren

1 Kartoffeln unter kaltem Wasser abspülen, abtropfen lassen, mit Küchenpapier abtrocknen. In eine Schüssel geben.

2 Frühlingszwiebeln, Mehl, Backpulver und Eier unter die Kartoffeln mischen, mit Salz und Pfeffer kräftig abschmecken.

3 Pflanzenöl in einer Pfanne erhitzen. Je 4 Esslöffel Kartoffelteig pro Fladen in die Pfanne geben und flachdrücken (der Teig sollte 16 Kartoffelpuffer ergeben). In 5–7 Minuten von beiden Seiten goldbraun braten. Gut abtropfen lassen.

4 Saure Sahne und Räucherlachs auf die Kartoffelpuffer geben, mit frischem Schnittlauch bestreuen und heiß servieren.

VARIATION

Ebenso köstlich sind die Kartoffelpuffer auch mit Parmaschinken oder einem anderen luftgetrockneten Schinken als Belag.

Riesengarnelen mit Knoblauch

In Spanien gart man diese Garnelen in kleinen, halb glasierten Tonformen, den *cazuelas*, und serviert sie brutzelnd heiß.

NÄHRWERTANGABEN

Kilokalorien . . . 385	Zucker . . . . 0 g
Eiweiß . . . . . . 26 g	Fett . . . . 31 g
Kohlenhydrate . . 1 g	davon gesättigt . 5 g

 5 Min.   5–8 Min.

Für 4 Pers.

Z U T A T E N

120 ml Olivenöl

4 Knoblauchzehen, fein gehackt

2 scharfe frische rote Chilischoten, entkernt und fein gehackt

450 g Riesengarnelen (Tiger Prawns), gekocht

2 EL frisch gehackte glatte Petersilie

Salz und Pfeffer

Zitronenspalten, zum Garnieren

frisches, knuspriges Brot als Beilage

1 Olivenöl in einer großen gusseisernen Pfanne erhitzen. Knoblauch und Chillies darin bei schwacher Hitze unter gelegentlichem Rühren 1–2 Minuten andünsten, aber nicht bräunen.

2 Garnelen zugeben und unter Rühren 2–3 Minuten in der Öl-Knoblauchmischung erhitzen.

3 Die Pfanne vom Herd nehmen und die gehackte Petersilie unterrühren. Mit Salz und Pfeffer nach Belieben kräftig abschmecken.

4 Garnelen und Knoblauchöl auf vorgewärmte Teller verteilen und mit Zitronenspalten garnieren. Dazu reichlich frisches Brot servieren.

TIPP

Rohe Garnelen ebenfalls wie oben beschrieben zubereiten, aber zuvor 5–6 Minuten in der Pfanne erhitzen, bis sie durchgegart sind und sich hellrosa verfärben. Tiefgefrorene Garnelen vor dem Garen vollständig auftauen.

Muscheln provenzalische Art

Tomaten, Wein, Kräuter und Knoblauch geben diesem herzhaften Muscheleintopf seine typisch südfranzösische Würze.

NÄHRWERTANGABEN

Kilokalorien ... 194	Zucker .... 5 g
Eiweiß ...... 12 g	Fett .... 10 g
Kohlenhydrate .. 9 g	davon gesättigt . 2 g

🦪 🦪 🦪

🦪 10 Min.　⏱ 1¼ Std.

Für 4 Pers.

Z U T A T E N

900 g frische Miesmuscheln

3 EL Olivenöl

1 Zwiebel, fein gehackt

3 Knoblauchzehen, fein gehackt

2 TL frische Thymianblätter

150 ml Rotwein

800 g Dosentomaten, gehackt

2 EL frisch gehackte Petersilie

Salz und Pfeffer

knuspriges Weißbrot als Beilage

1 Muscheln abbürsten und alle Fäden entfernen. Solche mit beschädigter oder offener Schale wegwerfen. Muscheln nur mit dem eigenen Wasser in einen gro-

ßen Topf geben und abgedeckt stark erhitzen, bis alle Schalen geöffnet sind, Topf dabei hin und wieder rütteln. Noch geschlossene Muscheln wegwerfen. Abgießen, den Kochsud dabei auffangen.

2 Öl in einem großen Topf erhitzen, Zwiebel darin bei schwacher Hitze in 6–8 Minuten weich dünsten, aber nicht bräunen. Knoblauch und Thymian zugeben, 1 Minute mitdünsten. Wein zugießen

und die Sauce bei mittlerer Hitze dickflüssig einkochen. Tomaten und Muschel-Kochsud zugeben. Aufkochen lassen, zugedeckt 30 Minuten köcheln. Deckel abnehmen und weitere 15 Minuten köcheln lassen.

3 Die Muscheln zugeben und 5 Minuten mit erwärmen. Petersilie unterheben, mit Salz und Pfeffer abschmecken und mit frischem Weißbrot servieren.

VARIATION

Statt der Miesmuscheln kann man auch Klaffmuscheln nehmen.

Korsische Muschelspaghetti

Diese simple, aber köstliche Nudelsauce kann man auch mit Miesmuscheln zubereiten. Dazu ein Glas Weißwein reichen.

NÄHRWERTANGABEN

Kilokalorien ... 550	Zucker .... 10 g
Eiweiß ...... 25 g	Fett .... 16 g
Kohlenhydrate . 82 g	davon gesättigt . 2 g

50 Min.   25 Min.

Für 4 Pers.

ZUTATEN

900 g frische Klaffmuscheln

4 EL Olivenöl

3 große Knoblauchzehen, zerdrückt

1 Msp. getrocknete Chiliflocken
(nach Belieben)

900 g Tomaten, gehäutet und gehackt, Saft aufheben

60 g grüne oder schwarze Oliven, entsteint und gehackt

1 EL frisch gehackter Oregano oder
½ TL getrockneter Oregano

400 g frische oder getrocknete Spaghetti

Salz und Pfeffer

1 Klaffmuscheln 30 Minuten in einer Schüssel mit leicht gesalzenem Wasser wässern.

2 Vorsichtig unter fließend kaltem Wasser abspülen und abbürsten, um Sandreste zu entfernen. Beschädigte oder offene Muscheln wegwerfen. Muscheln in eine große Schüssel mit Wasser geben, beiseite stellen.

3 Öl in einer großen Pfanne erhitzen. Knoblauch und ggf. Chiliflocken zugeben, bei mittlerer Hitze unter ständigem Rühren 2 Minuten andünsten, aber nicht bräunen.

4 Tomaten, Oliven und Oregano zugeben. Bei schwacher Hitze unter häufigem Rühren so lange köcheln, bis die Tomaten zu zerfallen beginnen. Zugedeckt weitere 10 Minuten köcheln lassen.

5 Einen großen Topf leicht gesalzenes Wasser zum Kochen bringen. Spaghetti hineingeben, aufkochen und bissfest garen (getrocknete Spaghetti 8–10 Minuten, frische 4–5 Minuten). Abgießen,

dabei 100 ml des Kochwassers auffangen. Spaghetti warm stellen.

6 Muscheln mit dem Nudel-Kochwasser zur Tomatensauce geben, alles mit Salz und Pfeffer abschmecken. Unter Rühren aufkochen, bis sich die Muscheln öffnen. Noch geschlossene Muscheln wegwerfen. Sauce in einen größeren Topf umfüllen.

7 Spaghetti in die Sauce geben und gut vermengen. Auf Portionsteller geben und sofort servieren.

Fisch-Lasagne

Dieses Rezept lässt sich vielfältig abwandeln: z. B. mit Räucherschellfisch mit Whiskysauce oder Kabeljau mit Käsesauce.

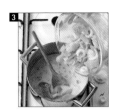

NÄHRWERTANGABEN

Kilokalorien ... 790	Zucker ...... 23 g
Eiweiß ...... 55 g	Fett .... 32 g
Kohlenhydrate . 74 g	davon gesättigt 19 g

30 Min. 45 Min.

Für 4 Pers.

Z U T A T E N

450 g geräuchertes Schellfischfilet ohne Haut, zerkleinert

100 g Garnelen

100 g Seezungenfilet ohne Haut, in Streifen

Pfeffer

Saft von 1 Zitrone

4 EL Butter

3 Porreestangen, in sehr feinen Ringen

6 EL Mehl

600 ml Milch

2 EL Honig

200 g Mozzarella, fein gewürfelt

450 g vorgekochte Lasagne

60 g frisch geriebener Parmesan

1 Schellfischfilet, Garnelen und Seezungenfilet in eine große Schüssel geben und mit Pfeffer und Zitronensaft würzen. Beiseite stellen.

2 Butter in einem großen Topf zerlassen. Porree darin bei schwacher Hitze unter gelegentlichem Rühren in 8 Minuten weich dünsten. Mehl zugeben, unter Rühren 1 Minute anschwitzen. Nach und nach so viel Milch unterrühren, bis eine glatte, dickflüssige Sauce entsteht.

3 Honig und Mozzarella unterrühren und 3 Minuten mitköcheln. Vom Herd nehmen, den Fisch und die Garnelen unterheben.

4 Fischsauce und Lasagne abwechselnd in eine Auflaufform schichten; mit einer Schicht Fischsauce abschließen. Mit Parmesan bestreuen und im vorgeheizten Ofen bei 180 °C etwa 30 Minuten backen, bis sich eine goldbraune Kruste bildet. Sofort servieren

VARIATION

Cidre-Sauce: Den Porree durch 1 fein gehackte Schalotte, die Milch durch 300 ml Cidre und 300 g Crème double, den Honig durch 1 Teelöffel Senf ersetzen. Toskanische Sauce: Porree durch 1 gehackte Fenchelknolle ersetzen und den Honig weglassen.

Bandnudeln mit Sardinen

Ideal z. B. als schnelles Mittagessen, da dieses Gericht sehr rasch zubereitet, aber dennoch raffiniert und ausgesprochen lecker ist.

NÄHRWERTANGABEN

Kilokalorien ... 547	Zucker .... 5 g
Eiweiß ...... 23 g	Fett .... 23 g
Kohlenhydrate . 68 g	davon gesättigt . 3 g

10 Min. 12 Min.

Für 4 Pers.

Z U T A T E N

8 Sardinen, filetiert

1 Fenchelknolle

4 EL Olivenöl

3 Knoblauchzehen, in Scheibchen

1 TL Chiliflocken

350 g Linguine (Bandnudeln)

½ TL fein geriebene Zitronenschale

1 EL Zitronensaft

2 EL Pinienkerne, geröstet

2 EL frisch gehackte Petersilie

Salz und Pfeffer

TIPP

Ein paar Esslöffel Nudelwasser aufheben und ggf. mit der Sauce zu den Nudeln geben, falls die Mischung zu trocken erscheint.

1 Filets abspülen, mit Küchenpapier trockentupfen. In große Stücke schneiden, beiseite stellen. Fenchel putzen, in dünne Scheibchen schneiden.

2 2 Esslöffel Olivenöl in einer gusseisernen Pfanne erhitzen. Knoblauch und Chiliflocken darin 1 Minute andünsten, Fenchelscheiben zugeben. Bei mittlerer bis starker Hitze unter gelegentlichem Rühren in 4–5 Minuten weich dünsten. Sardinenstücke zugeben und bei mittlerer bis schwacher Hitze 3–4 Minuten mitgaren, bis sie gerade durch sind.

3 Inzwischen einen Topf mit leicht gesalzenem Wasser zum Kochen bringen. Nudeln hineingeben, aufkochen lassen und in 8–10 Minuten bissfest garen. Abgießen, abtropfen lassen und zurück in den Topf geben.

4 Zitronenschale und -saft, Pinienkerne und Petersilie unter die Sardinen heben. Mit Salz und Pfeffer abschmecken. Sardinensauce mit dem übrigen Olivenöl über die Nudeln geben, vorsichtig unterheben. In eine vorgewärmte Schüssel geben und sofort servieren.

Jambalaya

Dieses Rezept entstammt der in Louisiana beheimateten Cajun-Küche.
Hier wird eine der unzähligen Versionen vorgestellt.

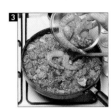

NÄHRWERTANGABEN

Kilokalorien ... 283	Zucker .... 8 g
Eiweiß ...... 30 g	Fett .... 14 g
Kohlenhydrate . 12 g	davon gesättigt . 3 g

🕒 10 Min. ⏱ 45 Min.

Für 4 Pers.

Z U T A T E N

2 EL Pflanzenöl

2 Zwiebeln, grob gehackt

1 grüne Paprika, entkernt und grob gewürfelt

2 Selleriestangen, grob gehackt

3 Knoblauchzehen, fein gehackt

2 TL Paprikapulver

300 g Hähnchenbrustfilet ohne Haut,
gewürfelt

100 g Kabanossiwurst, in Scheiben

3 Tomaten, gehäutet und gehackt

450 g Langkornreis

850 ml warme Hühner- oder Fischbrühe

1 TL getrockneter Oregano

2 Lorbeerblätter

12 große Garnelenschwänze

4 Frühlingszwiebeln, fein gehackt

2 EL frisch gehackte Petersilie

Salz und Pfeffer

Salat als Beilage

1 Öl in einer großen Pfanne erhitzen. Zwiebeln, Paprika, Sellerie und Knoblauch bei schwacher Hitze unter gelegentlichem Rühren in 8–10 Minuten weich dünsten. Paprikapulver unterrühren. Hähnchenfleisch und Wurst zugeben und in 8–10 Minuten goldbraun braten. Tomaten zugeben und 2–3 Minuten mitgaren.

2 Reis zugeben und gut untermischen. Warme Brühe zugießen, Oregano und Lorbeer unterrühren. Zugedeckt bei schwacher Hitze 10 Minuten ziehen lassen.

3 Garnelen unterheben. Abgedeckt weitere 6–8 Minuten köcheln lassen, bis der Reis weich ist und die Garnelen durch sind.

4 Frühlingszwiebeln und Petersilie unterrühren und abschmecken. Dazu Salat reichen.

TIPP

Jambalaya ist ein sehr wandlungsfähiges Gericht mit einigen Grundzutaten – Zwiebeln, grüne Paprika, Sellerie, Reis und Gewürze –, die man mit vielem ergänzen kann, was gerade zur Hand ist.

Reis mit Meeresfrüchten

Diese mediterrane Reispfanne kann mit jeder beliebigen Kombination von Meeresfrüchten zubereitet werden.

NÄHRWERTANGABEN

Kilokalorien . . . 571	Zucker . . . . . . 18 g
Eiweiß . . . . . . 25 g	Fett . . . . 16 g
Kohlenhydrate . 81 g	davon gesättigt . 3 g

15 Min.   1 Std.

Für 4–6 Pers.

ZUTATEN

4 EL Olivenöl

16 große, rohe Garnelen, geschält

220 g küchenfertiger Kalmar, in Ringen

2 grüne Paprika, entkernt und längs in 1-cm-Streifen geschnitten

1 große Zwiebel, fein gehackt

4 Knoblauchzehen, fein gehackt

2 Lorbeerblätter

1 TL Safranfäden

½ TL zerstoßene, getrocknete Chilischoten

400 g Arborioreis (Rundkornreis)

220 ml trockener Weißwein

850 ml Fisch-, Hühner- oder Gemüsebrühe

12–16 Klaffmuscheln, gewaschen

12–16 große Miesmuscheln, gewaschen

Salz und Pfeffer

2 EL frisch gehackte glatte Petersilie

ROTE PAPRIKASAUCE

2–3 EL Olivenöl

2 Zwiebeln, fein gehackt

4–6 Knoblauchzehen, fein gehackt

3 rote Paprika, in Stücke geschnitten und in Olivenöl gebraten

400 g Dosentomaten, gehackt

1–1½ TL scharfes Paprikapulver

Salz

1 Paprikasauce: Öl in einem Topf erhitzen. Zwiebeln darin in 6–8 Minuten goldgelb dünsten. Knoblauch unterrühren, 1 Minute mitdünsten. Die übrigen Zutaten zugeben, 10 Minuten bei schwacher Hitze köcheln lassen, ab und zu umrühren. In der Küchenmaschine zu einer glatten Sauce verarbeiten. Warm stellen.

2 Die Hälfte des Öls in einer großen Pfanne stark erhitzen. Garnelen unter Rühren in 2 Minuten rosa anbraten. Auf einen Teller geben. Kalmar in die Pfanne geben, unter Rühren 2 Minuten garen, bis er gerade fest wird. Zu den Garnelen geben.

3 Das restliche Öl in der Pfanne erhitzen, grüne Paprika und Zwiebel dazugeben, unter ständigem Rühren in 6 Minuten weich dünsten. Knoblauch, Lorbeerblätter, Safran und Chillies untermischen und etwa 30 Sekunden mitdünsten. Reis zugeben und unter Rühren kurz glasig dünsten.

4 Wein zugießen, so lange rühren, bis er ganz aufgesogen ist. Brühe zugießen, aufkochen und abgedeckt bei schwacher Hitze 20 Minuten köcheln, bis der Reis gerade weich und die Flüssigkeit fast vollständig eingekocht ist.

5 Muscheln zugeben. Zugedeckt 10 Minuten mitgaren, bis sich die Schalen öffnen. Noch geschlossene Muscheln wegwerfen. Garnelen und Kalmar unterheben. Zudecken, alles noch einmal zusammen erhitzen. Abschmecken, mit Petersilie bestreuen und mit der Paprikasauce servieren.

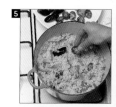

Schellfisch in Joghurtsauce

Ein sehr einfaches Gericht, dessen Zutaten man – bis auf den frischen Fisch – ständig vorrätig halten kann.

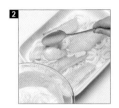

20 Min.   40 Min.

Für 4 Pers.

Z U T A T E N

2 große Zwiebeln, in feinen Ringen

900 g Schellfischfilet

420 g Naturjoghurt

2 EL Zitronensaft

1 TL Zucker

2 TL gemahlener Kreuzkümmel

2 TL gemahlener Koriander

1 Msp. Garam Masala

1 Msp. Cayennepfeffer

1 TL frisch geriebener Ingwer

3 EL Pflanzenöl

Salz und Pfeffer

50 g kalte Butter, in Stücken

frisch gekochte Zuckererbsen als Beilage

1 Boden einer großen Auflaufform mit den Zwiebelringen auslegen. Fisch quer in 5 cm breite Streifen schneiden und diese in einer Schicht auf die Zwiebeln legen.

2 In einer Schüssel Joghurt, Zitronensaft, Zucker, Kreuzkümmel, Koriander, Garam Masala, Cayennepfeffer, Ingwer und Öl verrühren, mit Salz und Pfeffer abschmecken. Sauce über den Fisch gießen, durch Neigen der Form gut verteilen. Mit Alufolie oder einem Deckel abdecken.

3 Fisch im vorgeheizten Ofen bei 190 °C etwa 30 Minuten backen, bis er gerade gar ist.

4 Sauce vorsichtig in einen Topf abgießen. Kurz aufkochen und bei schwacher Hitze auf etwa 350 ml einköcheln. Vom Herd nehmen.

5 Butterwürfel in der Sauce zerlassen und so lange rühren, bis die Sauce glatt ist. Sauce über den Fisch gießen. Mit Zuckererbsen servieren.

TIPP

Die Sauce erscheint beim Abgießen dünn und flockig, wird jedoch durch das Einkochen und die Butter dickflüssig und glatter.

Fish & Chips

Der englische Klassiker: in knusprigem Bierteig ausgebackener Kabeljau mit hausgemachten Pommes frites.

NÄHRWERTANGABEN

Kilokalorien .. 1191	Zucker .... 4 g	
Eiweiß ...... 44 g	Fett .... 76 g	
Kohlenhydrate . 84 g	davon gesättigt 10 g	

1¾ Std.   🕐 30–35 Min.

Für 4 Pers.

ZUTATEN

Pflanzenöl zum Frittieren

900 g Kartoffeln, geschält

4 Kabeljaufilets à 180 g

Salz und Pfeffer

AUSBACKTEIG

15 g frische Hefe

300 ml Bier

220 g Mehl

2 TL Salz

MAYONNAISE

1 Eigelb

1 TL körniger Senf

1 EL Zitronensaft

Salz und Pfeffer

200 ml helles Olivenöl

GARNIERUNG

Zitronenspalten

frische Petersilie

1 Ausbackteig: Hefe mit etwas Bier anrühren. Nach und nach das restliche Bier unterrühren. Mehl mit Salz in eine Schüssel sieben, eine Mulde in die Mitte drücken, die Hefemischung unterrühren. Abdecken und 1 Stunde bei Raumtemperatur stehen lassen.

2 Mayonnaise: Eigelb, Senf, Zitronensaft, Salz und Pfeffer in der Küchenmaschine in 30 Sekunden schaumig mixen. Langsam und gleichmäßig Olivenöl zugießen und sorgfältig einarbeiten. Abschmecken, ggf. mit lauwarmem Wasser verdünnen. Bis zum Verzehr kühl stellen.

3 Kartoffeln in 1 cm breite Streifen schneiden. Öl in einem großen, zur Hälfte gefüllten Topf auf 140 °C erhitzen, bis ein Brotwürfel innerhalb von 1 Minute bräunt. Kartoffelstreifen in 2 Portionen je 5 Minuten frittieren, bis sie gar, aber noch nicht gebräunt sind. Auf Küchenpapier abtropfen lassen.

4 Öl auf 160 °C erhitzen (Brotwürfel bräunt in 45 Sekunden). Fisch mit Salz und Pfeffer würzen, in den Bierteig tauchen. Je 2 Stücke gleichzeitig in 7–8 Minuten goldbraun frittieren. Auf Küchenpapier abtropfen lassen, warm stellen.

5 Öl auf 190 °C erhitzen (Brotwürfel bräunt in 30 Sekunden). Pommes frites in 2 Portionen jeweils weitere 2–3 Minuten goldbraun frittieren. Auf Küchenpapier abtropfen lassen und salzen. Mit Zitronenspalten und Petersilie garnieren und mit der Mayonnaise servieren.

3
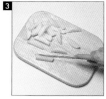

4

Gefüllte Makrelen

Dies ist eine Version eines orientalischen Rezepts, bei dem das Makrelen-fleisch so ausgelöst wird, dass die Haut intakt bleibt.

NÄHRWERTANGABEN	
Kilokalorien . . . 488	Zucker . . . . . . 12 g
Eiweiß . . . . . . 34 g	Fett . . . . 34 g
Kohlenhydrate . 12 g	davon gesättigt . 6 g

 10 Min.   20 Min.

Für 4 Pers.

ZUTATEN

4 große, küchenfertige Makrelen

1 EL Olivenöl

1 kleine Zwiebel, in feinen Ringen

1 TL gemahlener Zimt

½ TL Ingwerpulver

2 EL Rosinen

2 EL Pinienkerne, geröstet

8 Weinblätter in Salzlake, abgetropft

Salz und Pfeffer

VARIATION

Diese Füllung passt auch gut zu vielen anderen Fischsorten, z.B. Seebarsch oder Rotbarbe.

1 Fische waschen, mit Küchenpapier trockentupfen. Öl in einer kleinen Pfanne erhitzen, Zwiebel darin bei schwacher Hitze 5 Minuten dünsten. Zimt und Ingwer zugeben und 30 Sekunden mitdünsten, dann Rosinen und Pinienkerne zugeben. Salzen und pfeffern. Vom Herd nehmen und abkühlen lassen.

2 Fische mit je einem Viertel der Mischung füllen. Dann in je 2 Weinblätter wickeln, mit Holzspießchen feststecken.

3 Auf einem vorgeheizten Grill oder in einer Grillpfanne von jeder Seite 5 Minuten grillen, bis die Weinblätter gut gebräunt und die Fische gar sind.

Petersfisch en Papillote

Bei diesem Gericht wird das Gemüse gleich mitgegart, sodass man als Beilage nur noch Frühkartoffeln zu reichen braucht.

NÄHRWERTANGABEN

Kilokalorien . . . 368	Zucker . . . . 2 g
Eiweiß . . . . . . 49 g	Fett . . . . 18 g
Kohlenhydrate . . 3 g	davon gesättigt . 3 g

🍳 🍳

10 Min.   🕐 15 Min.

Für 4 Pers.

Z U T A T E N

2 Petersfische (Heringskönige), filetiert

120 g schwarze Oliven, entsteint

12 Cocktailtomaten, halbiert

120 g grüne Bohnen

1 Hand voll frische Basilikumblätter

4 Zitronenscheiben

4 TL Olivenöl

Salz und Pfeffer

frische Basilikumblätter, zum Garnieren

gekochte Frühkartoffeln als Beilage

Pergamentpapier

1 Fischfilets abspülen und abtrocknen. Aus Pergamentpapier 4 Rechtecke von je 45 cm x 30 cm zuschneiden. Jedes in Längsrichtung falten, sodass ein Rechteck von 22,5 cm x 30 cm entsteht. Aus diesem eine große Herzform schneiden und entfalten.

2 Ein Filet auf eine Hälfte des Papierherzens legen. Mit je einem Viertel der Oliven, Tomaten, Bohnen und des Basilikums sowie 1 Zitronenscheibe belegen. Mit 1 Teelöffel Olivenöl beträufeln, salzen und pfeffern.

3 Die andere Papierhälfte darüberschlagen und durch Umfalten der Papierränder verschließen. Auf diese Weise 4 Papierpäckchen vorbereiten.

4 Die Päckchen auf ein Backblech legen und im vorgeheizten Ofen bei 200 °C 15 Minuten backen, bis der Fisch gar ist.

5 Die Päckchen ungeöffnet auf die Teller geben, damit Ihre Gäste die wunderbare Duftentfaltung beim Öffnen genießen können. Mit frischen Basilikumblättern garnieren und dazu gekochte Kartoffeln als Beilage reichen.

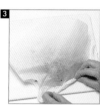

VARIATION

Sie können den Fisch auch mit etwas Olivenpaste, gehackten sonnengetrockneten Tomaten, Ziegenkäse und frischem Basilikum garen.

Sägebarsch mit Ingwer

Dieses von der asiatischen Küche inspirierte Gericht erhält seine delikate Würze durch Frühlingszwiebeln, Ingwer und Sojasauce.

NÄHRWERTANGABEN

Kilokalorien ... 185	Zucker .... 1 g
Eiweiß .... 31 g	Fett .... 6 g
Kohlenhydrate .. 2 g	davon gesättigt . 1 g

 10 Min.   15 Min.

Für 4 Pers.

Z U T A T E N

1 ganzer Sägebarsch à 800 g, küchenfertig

4 EL helle Sojasauce

5 Frühlingszwiebeln, in langen, feinen Streifen

2 EL frischer Ingwer, in feinen Streifen

4 EL frische Korianderblätter

5 TL Sonnenblumenöl

1 TL Sesamöl

4 EL warme Fischbrühe

Limettenspalten, zum Garnieren

gedämpfter Reis als Beilage

1 Fisch waschen, mit Küchenpapier trockentupfen. Rundum mit 2 Esslöffeln Sojasauce einpinseln. Die Hälfte der Frühlingszwiebeln und den gesamten Ingwer auf einen hitzebeständigen Teller oder ein Dämpfgitter streuen, den Fisch darauf legen.

2 Einen großen Topf zur Hälfte mit Wasser füllen und einen Dämpfeinsatz hineinsetzen. Das Wasser zum Kochen bringen, den Teller mit dem Sägebarsch in den Topf setzen, mit einem Deckel dicht verschließen. Fisch über kochendem Wasser in 10–12 Minuten gar dämpfen.

3 Teller vorsichtig herausnehmen und den Fisch ohne Frühlingszwiebeln und

Ingwer auf eine Servierplatte heben. Mit den übrigen Frühlingszwiebeln und den frischen Korianderblättern bestreuen.

4 Sonnenblumenöl in einem kleinen Topf fast bis zum Rauchpunkt erhitzen. Sesamöl zugeben und die heiße Ölmischung über den Fisch gießen. Die übrige Sojasauce mit der Fischbrühe verrühren und ebenfalls über den Fisch geben. Mit Limettenspalten garnieren und mit gedämpftem Reis servieren.

Seehechtsteaks mit Chermoula

Die Garzeit mag recht lang erscheinen und kann ggf. etwas verkürzt werden, aber die Marokkaner mögen ihren Fisch gut durch!

NÄHRWERTANGABEN

Kilokalorien ... 590	Zucker .... 1 g
Eiweiß ...... 42 g	Fett .... 46 g
Kohlenhydrate .. 2 g	davon gesättigt . 7 g

🍲 1¼ Std.   🕐 35–40 Min.

Für 4 Pers.

Z U T A T E N

4 Seehechtsteaks à 220 g

120 g grüne Oliven, entsteint

gekochtes Gemüse als Beilage

M A R I N A D E

6 EL fein gehackter frischer Koriander

6 EL fein gehackte Petersilie

6 Knoblauchzehen, zerdrückt

1 EL gemahlener Kreuzkümmel

1 TL gemahlener Koriander

1 EL Paprikapulver

1 Msp. Cayennepfeffer

150 ml frisch gepresster Zitronensaft

300 ml Olivenöl

VARIATION

Fisch aus der Marinade nehmen, in mit Salz und Pfeffer gewürztem Mehl wenden. In Öl oder geklärter Butter goldbraun braten. Marinade erwärmen, aber nicht aufkochen, als Sauce mit Zitronenscheiben reichen.

1 Marinade: frischen Koriander, Petersilie, Knoblauch, Kreuzkümmel, gemahlenen Koriander, Paprikapulver, Pfeffer, Zitronensaft und Olivenöl verrühren.

2 Seehechtsteaks abspülen und mit Küchenpapier trockentupfen. In eine Auflaufform legen. Mit Marinade übergießen und mindestens 1 Stunde, besser über Nacht, stehen lassen.

3 Vor dem Backen Oliven über den Fisch geben. Auflaufform mit Alufolie abdecken.

4 Fisch im vorgeheizten Ofen bei 160 °C in 35–40 Minuten gut durchbacken. Dazu frisch gekochtes Gemüse reichen.

Seezunge Florentiner Art

Ein Klassiker: delikate Seezungenröllchen in sahniger Käsesauce mit Spinat. Die Sauce kann man schon im Voraus zubereiten.

NÄHRWERTANGABEN	
Kilokalorien ... 945	Zucker ...... 12 g
Eiweiß ...... 80 g	Fett .... 59 g
Kohlenhydrate . 23 g	davon gesättigt 32 g

🍲 45 Min.   🕐 50 Min.

Für 4 Pers.

ZUTATEN

600 ml Milch

2 Streifen Zitronenschale

2 TL frischer Estragon

1 Lorbeerblatt

½ Zwiebel, in Ringen

2 EL Butter und extra Butter zum Einfetten

4 EL Mehl

2 TL Senfpulver

3 EL frisch geriebener Parmesan

300 g Crème double

1 Msp. frisch geriebene Muskatnuss

450 g frischer Spinat

8 Seezungenfilets (2 von jeder Seite des Fisches)

Salz und Pfeffer

ZUM SERVIEREN

grüner Salat

frisches knuspriges Brot

1 Milch, Zitronenschalen, Estragon, Lorbeerblatt und Zwiebel in einen Topf geben, vorsichtig aufkochen. Vom Herd nehmen und 30 Minuten stehen lassen, damit die Aromen gut durchziehen.

2 Butter in einem Topf zerlassen, Mehl und Senfpulver einrühren. Gewürzte Milch abseihen, Zitronenschale, Kräuter und Zwiebel wegwerfen. Milch nach und nach zur Mehlmischung geben und glatt rühren. Kurz aufkochen, dann bei schwacher Hitze unter Rühren eindicken. Noch 2 Minuten köcheln lassen, vom Herd nehmen. Parmesan, Crème double, Muskat, Salz und Pfeffer unterrühren. Mit Frischhaltefolie abdecken.

3 Eine große Auflaufform einfetten. Spinatblätter 30 Sekunden in kochendem Salzwasser blanchieren. Abgießen, kalt abspülen. Abtropfen lassen, trockentupfen und auf dem Boden der Auflaufform verteilen.

4 Fischfilets abspülen und trockentupfen. Salzen, pfeffern und aufrollen. Auf den Spinat legen und mit der Käsesauce übergießen. Im vorgeheizten Ofen bei 200 °C in etwa 35 Minuten goldbraun backen. Mit frischem grünem Salat und knusprigem Brot servieren.

VARIATION

Eine etwas preiswertere Version dieses Gerichts lässt sich mit Rotzunge statt Seezunge zubereiten.

Fisch-Kartoffel-Auflauf

Ebenso köstlich wie sättigend: Kartoffelscheiben und mehrere Fischsorten in Sahnesauce und mit Parmesan überbacken.

NÄHRWERTANGABEN

Kilokalorien ... 116	Zucker ...... 1,9 g	
Eiweiß ...... 6,2 g	Fett .... 6,1 g	
Kohlenhydrate 9,7 g	davon gesättigt 3,8 g	

🥔 10 Min.   🕐 55 Min.

Für 4 Pers.

ZUTATEN

900 g fest kochende Kartoffeln, in Scheiben

5 EL Butter

1 rote Zwiebel, halbiert und in Ringen

5 EL Mehl

450 ml Milch

150 g Crème double

220 g geräuchertes Schellfischfilet, gewürfelt

220 g Kabeljaufilet, gewürfelt

1 rote Paprika, entkernt und gewürfelt

120 g Brokkoliröschen

Salz und Pfeffer

60 g frisch geriebener Parmesan

1 Kartoffelscheiben in einem Topf mit kochendem Wasser 10 Minuten garen. Abgießen und beiseite stellen.

2 Butter in einem Topf zerlassen und die Zwiebel darin 3–4 Minuten vorsichtig andünsten.

3 Mehl unterrühren, 1 Minute anschwitzen. Milch und Crème double unterrühren und unter ständigem Rühren aufkochen, bis die Sauce eindickt.

4 Eine flache Auflaufform mit der Hälfte der Kartoffelscheiben auslegen.

5 Fisch, Paprika und Brokkoli in die Sauce geben und bei schwacher Hitze 10 Minuten köcheln lassen. Mit Salz und Pfeffer abschmecken und auf der Kartoffelschicht verteilen.

6 Restliche Kartoffelscheiben auf die Fisch-Gemüsemischung schichten. Mit Parmesan bestreuen.

7 Im vorgeheizten Backofen bei 180 °C etwa 30 Minuten backen, bis sich eine goldbraune Kruste bildet und die Kartoffeln gar sind. Umgehend sehr heiß servieren.

TIPP

Der Auflauf lässt sich beliebig variieren. Besonders festlich wird er z. B. mit Lachs oder Garnelen.

Fischcurry

Mit der Currypaste lässt sich dieses Gericht im Handumdrehen zubereiten, z. B. als unkompliziertes Familienessen.

NÄHRWERTANGABEN

Kilokalorien ... 310	Zucker .... 4 g	
Eiweiß ...... 42 g	Fett .... 8 g	
Kohlenhydrate . 19 g	davon gesättigt . 1 g	

🥄 10 Min.   🕐 25 Min.

Für 4 Pers.

Z U T A T E N

1 EL Pflanzenöl

1 kleine Zwiebel, gehackt

2 Knoblauchzehen, gehackt

2,5-cm-Stück Ingwerwurzel, grob gehackt

2 große reife Tomaten, gehäutet und grob gehackt

150 ml Fischbrühe

1 EL mittelscharfe Currypaste

1 TL gemahlener Koriander

400 g Kichererbsen (Dose), abgespült und abgetropft

750 g Kabeljaufilet, in großen Würfeln

4 EL frisch gehackter Koriander

4 EL Joghurt

Salz und Pfeffer

gedämpfter Basmatireis als Beilage

1 Öl in einem großen Topf erhitzen. Zwiebel, Knoblauch und Ingwer darin bei schwacher Hitze 4–5 Minuten dünsten. Vom Herd nehmen. Zwiebelmischung mit Tomaten und Fischbrühe in einer Küchenmaschine oder im Mixer zu einer glatten Sauce verarbeiten.

2 Mit Currypaste, gemahlenem Koriander und Kichererbsen zurück in den Topf geben, gut durchmischen, bei schwacher Hitze in 15 Minuten fast dickflüssig einkochen.

3 Fischwürfel dazugeben und 5 Minuten mitköcheln lassen, bis der Fisch gerade gar ist. Vom Herd nehmen und 2–3 Minuten ruhen lassen.

4 Koriander und Joghurt unterheben. Abschmecken, dazu Basmatireis reichen.

VARIATION

Statt mit Kabeljau können Sie dieses Curry-Gericht auch mit rohen Garnelen zubereiten und die Kichererbsen weglassen.

Schwertfischsteaks

Schwertfisch hat eine besonders feste, fleischige Konsistenz, kann aber beim Garen austrocknen, wenn man ihn nicht mariniert.

2¼ Std.   4–6 Min.

Für 4 Pers.

Z U T A T E N

4 Schwertfischsteaks à 150 g

4 EL Olivenöl

1 Knoblauchzehe, zerdrückt

1 TL geriebene Zitronenschale

Zitronenspalten und glatte Petersilie, zum Garnieren

frisch gekochtes Gemüse als Beilage

S A L S A V E R D E

4 Anchovis in Öl, abgetropft

25 g glatte Petersilienblätter

15 g gemischte frische Kräuter, z. B. Basilikum, Minze und Schnittlauch

1 Knoblauchzehe, gehackt

1 EL Kapern, abgespült und abgetropft

1 EL eingelegte grüne Pfefferkörner

1 TL Dijonsenf

120 ml Olivenöl, kaltgepresst

Salz und Pfeffer

VARIATION

Das Rezept schmeckt auch mit anderen festfleischigen Fischsorten wie z. B. Thunfisch oder Hai.

1 Schwertfisch waschen, abtrocknen, in eine Schüssel geben (kein Metall). Öl, Knoblauch und Zitronenschale mischen, über den Fisch gießen, dann 2 Stunden marinieren.

2 Salsa-Sauce: Anchovis grob hacken und mit den anderen Zutaten in der Küchenmaschine zu einer glatten Paste verar-

beiten; ggf. etwas warmes Wasser zugeben. Mit Salz und Pfeffer abschmecken und beiseite stellen.

3 Fisch aus der Marinade nehmen. Auf dem Grill oder in einer heißen Grillpfanne von jeder Seite 2–3 Minuten grillen. Mit Zitronenspalten und Petersilie garnieren, dazu Salsa verde und Gemüse reichen.